Ingrid Uebe

Ritter Robert und seine Abenteuer

Ingrid Uebe

Ritter Robert und seine Abenteuer

Mit Zeichnungen von
Sabine Scholbeck

Hase und Igel®

Für Lehrkräfte gibt es zu diesem Buch
ausführliches Begleitmaterial beim Hase und Igel Verlag.

MIX
Papier aus verantwor-
tungsvollen Quellen
FSC
www.fsc.org   FSC® C043106

Originalausgabe
© 2008 Hase und Igel Verlag GmbH, München
www.hase-und-igel.de
Lektorat: Monika Burger
Druck: Grafisches Centrum Cuno GmbH & Co. KG

ISBN 978-3-86760-086-6
5. Auflage 2021

An einem schönen Sommertag
schwang sich
Ritter Robert von Rasselstein
frühmorgens auf sein Pferd.
Er wollte hinaus in die Welt.
Seine Schwester Rosa
begleitete ihn bis ans Burgtor.
Zum Abschied schenkte sie ihm
ein Heft, einen Federkiel
und ein Fläschchen Tinte.

Dazu sagte sie:
„Schreib alles auf,
was du erlebst,
damit es nicht
in Vergessenheit gerät."
Ihr Bruder nickte und lachte.

Auf dem Heft stand:

Ritter Robert
von Rasselstein

Meine
größten Abenteuer

Ritter Robert steckte
das Geschenk seiner Schwester
in die Satteltasche.
Er gab
dem Pferd die Sporen
und ritt munter davon.

Immer der Nase nach
ging es
über Felder
und Wiesen.

9

Als Ritter Robert schon
eine ganze Zeit unterwegs war,
machte er Rast.
Er band sein Pferd
an einen Baum
und setzte sich
in den Schatten.
Er aß und trank,
was er von zu Hause
mitgenommen hatte.

10

Er schlug das Heft auf
und schrieb auf die erste Seite:

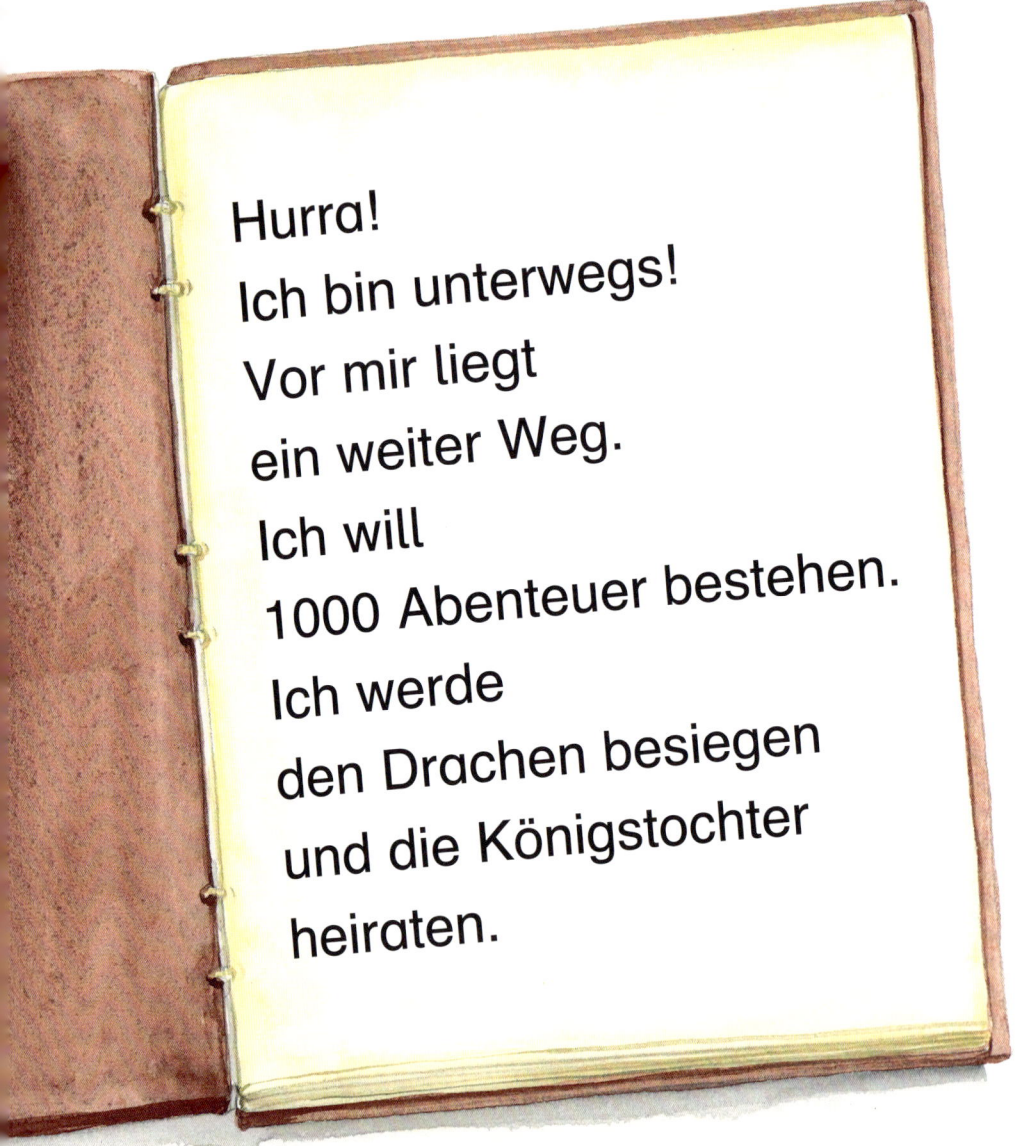

Hurra!
Ich bin unterwegs!
Vor mir liegt
ein weiter Weg.
Ich will
1000 Abenteuer bestehen.
Ich werde
den Drachen besiegen
und die Königstochter
heiraten.

Ritter Robert packte
sein Schreibzeug ein.
Er war müde
und legte sich ins Gras.

Als er gerade einschlafen wollte,
stach ihn eine Mücke
in den Nacken.

Zornig schlug er sie
mit der flachen Hand tot.

Abends fand er ein Wirtshaus,
in dem er übernachten konnte.
Er setzte sich in die Gaststube
und schrieb in sein Heft:

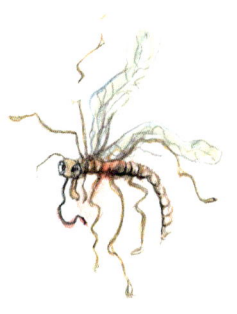

Heute traf ich
auf den ersten Gegner.
Er bohrte mir seine Lanze
von hinten in den Hals.
Natürlich
wehrte ich mich.
Nach kurzem Kampf
besiegte ich ihn.

Ritter Robert ging
auf sein Zimmer.
Er schob sein Heft
unter das Kopfkissen
und legte sich zufrieden ins Bett.

Mitten in der Nacht
wachte er auf.
Am offenen Fenster
flatterte die Gardine.

16

Sie bewegte sich hin und her
wie ein Gespenst.
Der Ritter sprang aus den Kissen.
Er griff nach seinem Schwert
und stieß es tief in den Stoff.

Danach hockte er sich
auf die Bettkante
und schrieb in sein Heft:

Um Mitternacht schwebte
ein schauriger Geist
in mein Zimmer.
Ich bekam
eine Gänsehaut.
Trotzdem trat ich ihm
mutig entgegen.
Ich erledigte ihn
mit einem einzigen Streich.

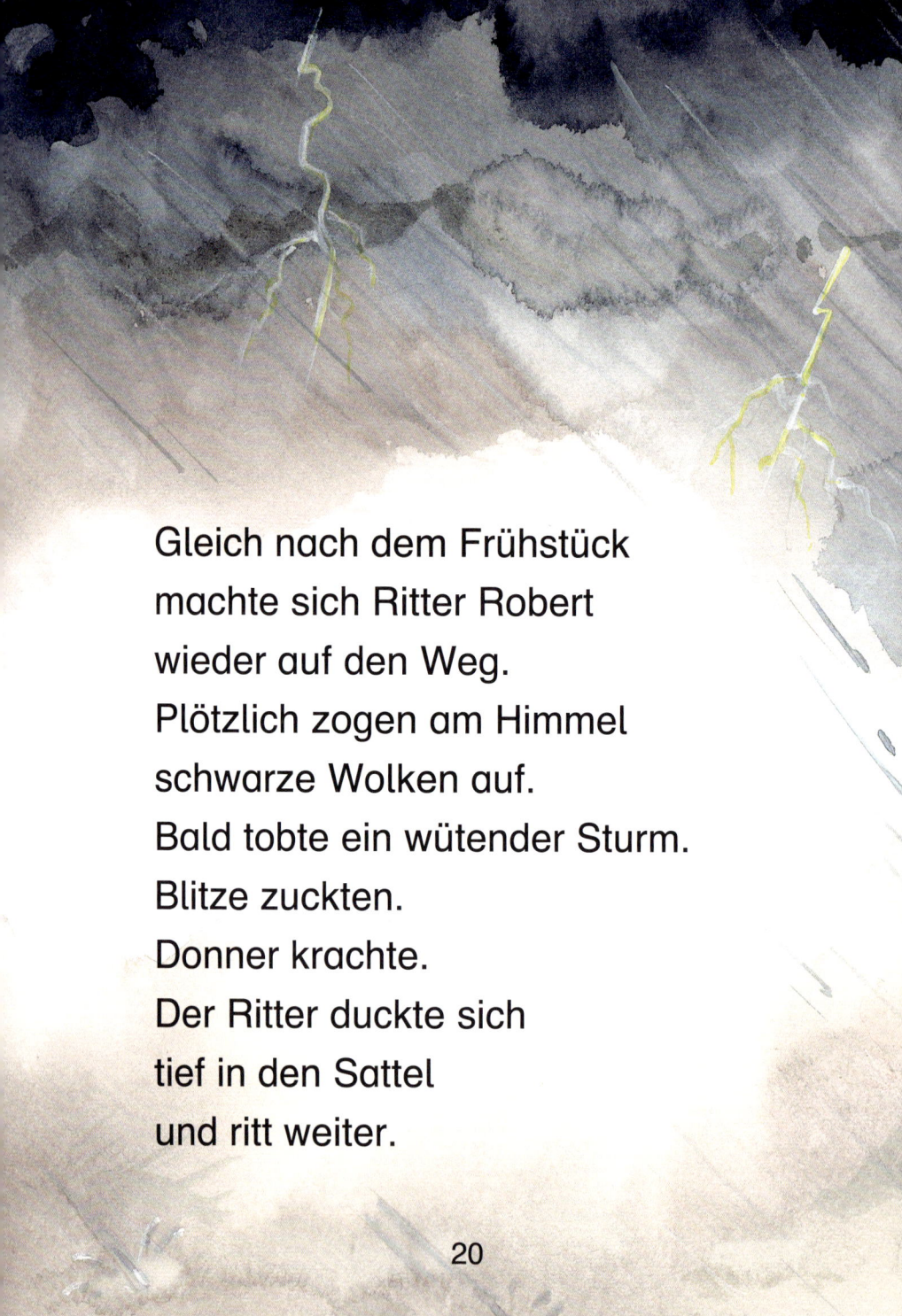

Gleich nach dem Frühstück
machte sich Ritter Robert
wieder auf den Weg.
Plötzlich zogen am Himmel
schwarze Wolken auf.
Bald tobte ein wütender Sturm.
Blitze zuckten.
Donner krachte.
Der Ritter duckte sich
tief in den Sattel
und ritt weiter.

Bald darauf
war das Gewitter vorüber.
Ritter Robert verschnaufte
am Wegesrand
und schrieb in sein Heft:

Schon früh am Morgen
geriet ich
in eine wilde Schlacht.
Wenigstens 200 Feinde
umzingelten mich.
Waffen blitzten.
Schilde krachten.
Doch furchtlos ritt ich
mitten hindurch.

Nach kurzer Rast
zog der Ritter weiter.

Der Regen hatte überall
große Pfützen hinterlassen.
Das Pferd blieb stehen und trank.

„Vorwärts, mein Freund!",
rief Ritter Robert ungeduldig.
„Mich drängt es
zum Kampf mit dem Drachen.
Außerdem sehne ich mich
nach der Königstochter."

Er gab dem Pferd die Sporen.
Da raste das erschrockene Tier
wie wild durch die Pfützen.
Das Wasser
spritzte
hoch auf.

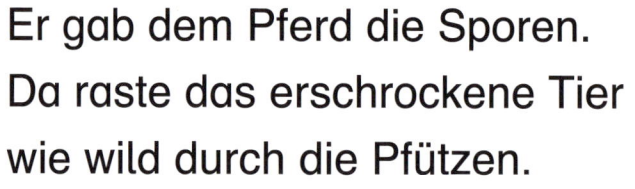

Als der Ritter wieder trocken war,
schrieb er in sein Heft:

Heute kamen wir
an einen großen See.
Mein Pferd
wollte nicht weiter.
Ich redete ihm gut zu.
Da schwamm es
mit mir
durch das tiefe Wasser.
Triefend kletterten wir
drüben an Land.

Gegen Abend erreichte
Ritter Robert einen Wald.
Auf einer kleinen Lichtung
machte er Rast
und packte
sein letztes Käsebrot aus.

Zwei Mäuse wollten
ein Bröckchen stibitzen.
Empört wedelte der Ritter
mit seinem Taschentuch.
Da huschten die Mäuse fort.

Im letzten Tageslicht
schrieb der Ritter in sein Heft:

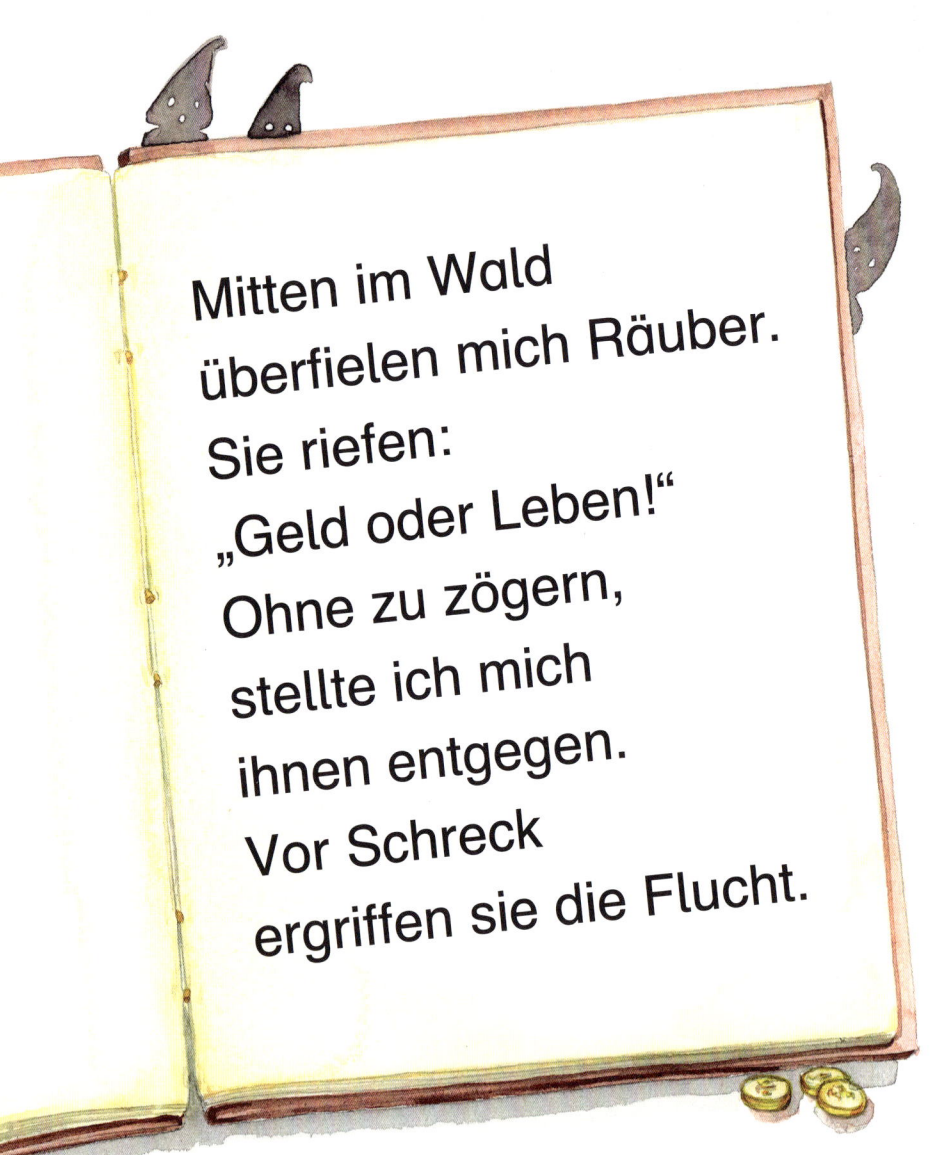

Mitten im Wald
überfielen mich Räuber.
Sie riefen:
„Geld oder Leben!"
Ohne zu zögern,
stellte ich mich
ihnen entgegen.
Vor Schreck
ergriffen sie die Flucht.

Als der Mond aufging,
fand Ritter Robert
unter einer großen Eiche
ein schönes Plätzchen
zum Übernachten.

Er legte sich aufs weiche Moos.
Der Wind strich durch die Bäume
und sang ihm ein Nachtlied.

Erst als ihm die Sonne
hell ins Gesicht schien,
wachte der Ritter auf.

Zum Frühstück aß er Himbeeren.
Danach schrieb er in sein Heft:

Ein Rudel Wölfe
strich die ganze Nacht
um mein Lager.
Ich hörte sie
hecheln und heulen.
Ich sah ihre Augen glühen.
Im Morgengrauen
schlichen sie hungrig
davon.

Kurz nach dem Aufbruch
hob Ritter Roberts Pferd
den Schwanz und ließ
ein paar dampfende Äpfel fallen.

Zwei Amseln
stürzten sich in Windeseile
auf das üppige Frühstück.

„Pfui Teufel!", rief der Ritter.
„Was sind das für Manieren!
Schämt ihr euch gar nicht?"

Er schlug mit dem Schwert
gegen seinen Schild.
Der helle Klang
verjagte die Amseln.

Der Ritter stieg vom Pferd
und schrieb in sein Heft:

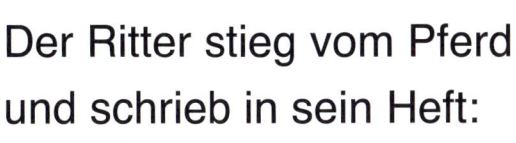

Zum ersten Mal
drohte uns Gefahr
aus der Luft.
Ganz plötzlich stießen
zwei Raubvögel herab.
Im letzten Moment
schützte ich mich
und mein Pferd
mit Schwert und Schild
vor ihrem Angriff.

Sie ließen den Wald hinter sich.
Vor ihnen lag eine große Wiese.
Erfreut sprang Ritter Robert
aus dem Sattel
und ließ sein Pferd grasen.

Er selbst kletterte schnaufend
einen Hügel hinauf
und setzte sich oben
auf einen Stein.

Eine Weile genoss er die Aussicht.

Dann pflückte er
ein Gänseblümchen
und stieg wieder hinab.

Er legte das Blümchen
sorgfältig in sein Heft
und schrieb:

Heute folgte ich
dem Ruf der Berge.
Ich stieg den steilen Weg
bis zum Gipfel hinauf.
Mit letzter Kraft
pflückte ich dort
ein Edelweiß.
Das will ich der
Königstochter schenken.

Am Nachmittag
flimmerte die Luft vor Hitze.
Auf einem flachen Stein
sonnte sich eine große,
grüngoldene Eidechse.

Der Ritter hielt an
und betrachtete sie
längere Zeit aus der Ferne.

Dann ritt er
klirrend näher.
Die Eidechse verschwand
wie ein grüngoldener Blitz
zwischen den Felsen.
Ritter Robert wartete vergeblich,
dass sie wieder hervorkäme.

Er legte seine Rüstung ab
und schrieb in sein Heft:

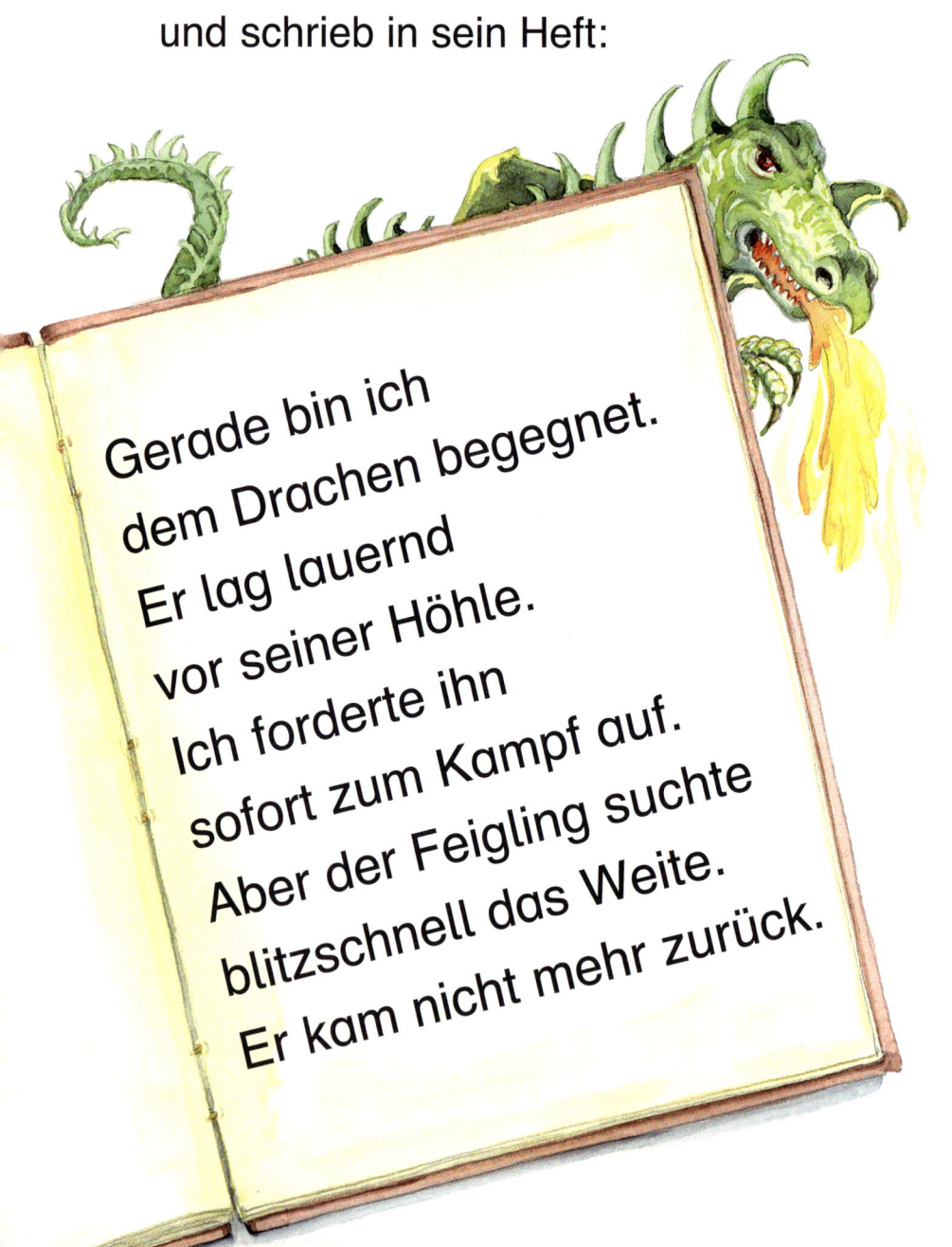

Gerade bin ich
dem Drachen begegnet.
Er lag lauernd
vor seiner Höhle.
Ich forderte ihn
sofort zum Kampf auf.
Aber der Feigling suchte
blitzschnell das Weite.
Er kam nicht mehr zurück.

Am nächsten Tag
erreichte Ritter Robert endlich
das Schloss des Königs.

Zwei steinerne Löwen
bewachten das Tor.
Der Ritter stieg eilig vom Pferd
und sagte:
„Lasst mich vorbei!"

Er kraulte den Löwen die Mähne
und streichelte ihnen den Rücken.

Dann führte er sein Pferd
in den Schlosshof.

Am Brunnen ließ er sich nieder
und schrieb in sein Heft:

Endlich habe ich
das Schloss erreicht.
Zwei wilde Löwen
versperrten mir den Weg.
Ich zähmte sie
mit meinem Blick.
Zuerst leckten sie
mir die Hand,
dann ließen sie mich
schnurrend vorbei.

Ritter Robert sah sich
im Schlosshof um.
Auf einem Balkon
entdeckte er
die Tochter des Königs.

Sie putzte sich
gerade die Nase.
Dabei entglitt ihr
das Taschentuch
und flatterte hinab
in den Hof.

Eilig hob der Ritter es auf
und hielt es ihr
mit einer Verbeugung
entgegen.
Sie nickte ihm zu
und winkte ihn
zu sich herauf.

Ehe Ritter Robert
dem Mädchen
das Taschentuch brachte,
schrieb er schnell in sein Heft:

Was für ein Glück!
Soeben habe ich
die Königstochter
kennengelernt.
Sie warf mir vom Balkon
ein seidenes Tuch zu.
Ich gefalle ihr wohl!
Wir sind ohne Zweifel
füreinander bestimmt!

In der Eile ließ Ritter Robert
sein Heft am Brunnenrand liegen.

Ein Diener fand es
und brachte es dem König.

Der staunte sehr,
als er darin las.

Er sagte:

„Bringt mir den Mann,
der diese Abenteuer bestanden hat!
Er soll mein erster Ritter sein
und meine Tochter heiraten!"

Die Königstochter
war darüber sehr glücklich.
Auch Ritter Robert
strahlte vor Freude.

Am Tag vor der Hochzeit
schrieb er in sein Heft:

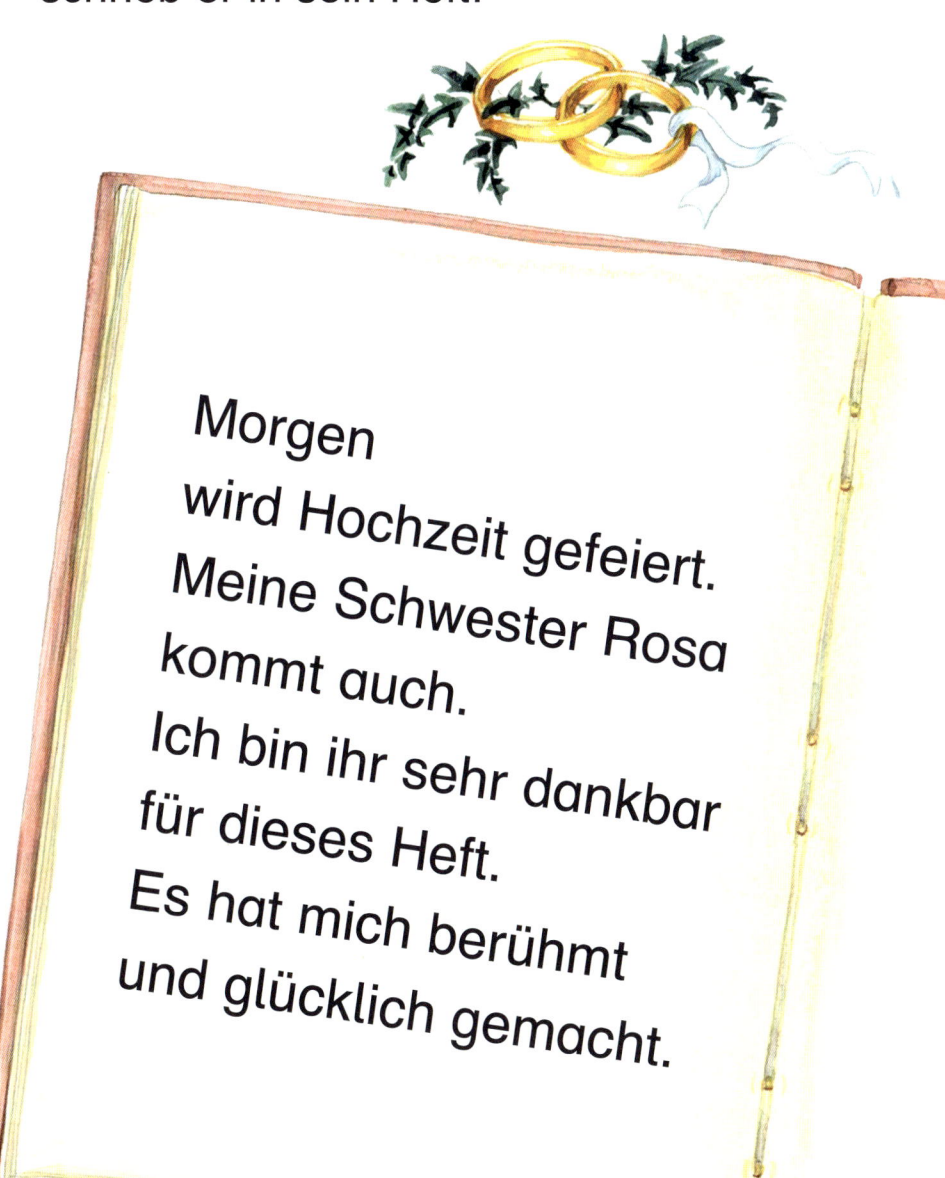

Morgen
wird Hochzeit gefeiert.
Meine Schwester Rosa
kommt auch.
Ich bin ihr sehr dankbar
für dieses Heft.
Es hat mich berühmt
und glücklich gemacht.

Der König sorgte
für ein prächtiges Hochzeitsfest.
Viele Gäste kamen
zu köstlichem Essen,

Musik und Tanz,
lustigen Gauklerspielen
und spannenden Wettkämpfen.

Erst lange nach Mitternacht
wurden die Lichter gelöscht.
Als alle schliefen,
nahm Ritter Robert
sein Schreibzeug
und setzte sich im Rittersaal
an den großen Tisch.

Er zündete eine Kerze an
und schrieb zum letzten Mal
in sein Heft:

Ich bin am Ziel!
Hinter mir liegen
viele Abenteuer.
Ich habe den Drachen
besiegt
und die Königstochter
geheiratet.
Meine Reise
hat sich gelohnt.
Nun ist sie zu

E N D E